BEI GRIN MACHT SICH IHR WISSEN BEZAHLT

AF136025

- Wir veröffentlichen Ihre Hausarbeit,
  Bachelor- und Masterarbeit

- Ihr eigenes eBook und Buch -
  weltweit in allen wichtigen Shops

- Verdienen Sie an jedem Verkauf

Jetzt bei www.GRIN.com hochladen
und kostenlos publizieren

GRIN

Bibliografische Information der Deutschen Nationalbibliothek:

Die Deutsche Bibliothek verzeichnet diese Publikation in der Deutschen National-bibliografie; detaillierte bibliografische Daten sind im Internet über http://dnb.d-nb.de/ abrufbar.

Dieses Werk sowie alle darin enthaltenen einzelnen Beiträge und Abbildungen sind urheberrechtlich geschützt. Jede Verwertung, die nicht ausdrücklich vom Urheberrechtsschutz zugelassen ist, bedarf der vorherigen Zustimmung des Verlages. Das gilt insbesondere für Vervielfältigungen, Bearbeitungen, Übersetzungen, Mikroverfilmungen, Auswertungen durch Datenbanken und für die Einspeicherung und Verarbeitung in elektronische Systeme. Alle Rechte, auch die des auszugsweisen Nachdrucks, der fotomechanischen Wiedergabe (einschließlich Mikrokopie) sowie der Auswertung durch Datenbanken oder ähnliche Einrichtungen, vorbehalten.

Impressum:

Copyright © 2017 GRIN Verlag
Druck und Bindung: Books on Demand GmbH, Norderstedt Germany
ISBN: 9783346135018

Dieses Buch bei GRIN:

https://www.grin.com/document/538574

Fabian Meiners

Aufbau und Bewertung der Verwendung einer Public-Key-Infrastruktur im Cisco Unified Communications Umfeld

GRIN Verlag

GRIN - Your knowledge has value

Der GRIN Verlag publiziert seit 1998 wissenschaftliche Arbeiten von Studenten, Hochschullehrern und anderen Akademikern als eBook und gedrucktes Buch. Die Verlagswebsite www.grin.com ist die ideale Plattform zur Veröffentlichung von Hausarbeiten, Abschlussarbeiten, wissenschaftlichen Aufsätzen, Dissertationen und Fachbüchern.

Besuchen Sie uns im Internet:

http://www.grin.com/

http://www.facebook.com/grincom

http://www.twitter.com/grin_com

Fachbericht V //

Verwendung einer Public-Key-Infrastruktur im Cisco Unified Communications Umfeld am Beispiel der Muster IT GmbH – Aufbau und Bewertung. //

Hochschule Weserbergland
Studiengang:
Wirtschaftsinformatik

Studierender:
Fabian Meiners

I.   Inhaltsverzeichnis

Fußnoten können sich auf mehrere Sätze oder ganze Abschnitte beziehen.

II. Abbildungsverzeichnis

III. Abkürzungsverzeichnis

Abkürzung	Bedeutung
PKI	Public-Key-Infrastructure
Muster IT	Muster Information Technology GmbH
Cisco	Cisco Systems Corporation
AES	Advanced Encryption Standard
DES	Data Encryption Standard
RSA	Rivest, Shamir und Adleman
SSH	Secure Shell
TLS	Transport Layer Security
BSI	Bundesamt für Sicherheit in der Informationstechnik
CA	Certificate Authority
CP	Certificate Policy
CPS	Certification Practice Statement
SSL	Secure Socket Layer
HTTPS	Hypertext Transfer Protocol Secure
RA	Registration Authority
CSR	Certificate Signing Request
VA	Validation Authority
CRL	Certificate Revocation List
CTL	Certificate Trust List
OCSP	Online Certificate Status Protocol
TPS	TelePresence Server
CUCM / Callmanager	Cisco Unified Communications Manager
XMPP / Jabber	Extensible Messaging and Presence Protocol
CAPF	Certificate Authority Proxy Function
TFTP	Trivial File Transfer Protocol
IPsec	Internet Protocol Security
TVS	Trust Verification Service
SHA	Secure Hash Algorithm

SRTP	Secure Real-Time Transport Protocol
SIPS	Session Initiation Protocol Secure
MIC	Manufacturer Installed Certificate
LSC	Locally Significant Certificate
MTTR	Mean Time To Repair

1 Einleitung

In diesem Fachbericht wird die Verwendung einer Public-Key-Infrastruktur (PKI) für die zertifikatsbasierte Authentifizierung von Systemen innerhalb einer Unified Communications Umgebung des Herstellers Cisco Systems erörtert. Darüber hinaus wird der Aufbau einer Public-Key-Infrastruktur allgemein sowie auch speziell am Beispiel der Umsetzung in der Muster Information Technology GmbH – im Folgenden nur noch Muster IT genannt – erklärt. Eine abschließende Bewertung der individuellen Designentscheidungen, beziehungsweise der gewählten Umsetzungsart wird diesen Bericht, zusammen mit dem Fazit und einem kurzen Ausblick, abschließen.

Die Auswahl der genannten Thematik begründet sich in der Notwendigkeit einer Authentifizierungsmöglichkeit für Videosysteme, um eine verschlüsselte Verbindung zwischen Video-Endgeräten der Muster IT zu realisieren. Die Verschlüsselung einer solchen Verbindung setzt die Authentifizierung der einzelnen Systeme über digitale Zertifikate voraus, sodass keine Sicherheitslücken durch unautorisierte Geräte innerhalb des Netzwerkes entstehen. Ziel dieser Arbeit ist es, die gewählte Umsetzung einer Public-Key-Infrastruktur fundiert aufzuzeigen und die strukturellen Abhängigkeiten nachvollziehbar darzustellen. Des Weiteren wird beleuchtet, ob die gewählte Architektur zur Zertifizierung innerhalb der Cisco Unified Communications Infrastruktur der Muster IT sinnvoll ist.

Als Einstieg werden dazu in Kapitel 2 und 3 grundlegende und thematisch bedeutende Begriffe, sowie Verfahren und Techniken im Bereich der Verschlüsselungs- und Authentifizierungstechnik, erklärt. In Kapitel 4 wird die Cisco Unified Communications Infrastruktur der Muster IT mit der implementierten Public-Key-Infrastruktur vorgestellt.

Im 5. Abschnitt folgt eine Bewertung der Chancen und Risiken, die sich bei eben dieser Designentscheidung ergeben. Darüber hinaus werden alternative Lösungsmöglichkeiten kurz dargestellt und anhand der Aspekte Sicherheit, Administrierbarkeit, Flexibilität, Kosten, Performanz und Zukunftsfähigkeit vergleichend bewertet. Abschließen wird diesen Bericht ein zusammenfassendes Fazit mit kurzem Zukunftsausblick.

2 Kryptographische Systeme

In der Kryptographie, also der Wissenschaft der Verschlüsselung (auch Chiffrierung genannt), bezeichnet man Systeme und Verfahren zur Verschlüsselung als kryptographische Systeme oder auch als Kryptosysteme. Mathematisch gesehen besteht ein Kryptosystem aus einem Klartext, einem Geheimtext (auch Chiffre genannt), einem Schlüssel sowie einer Ver- bzw. Entschlüsselungsfunktion. Technisch gesehen lassen sich Kryptosysteme dabei in symmetrische oder asymmetrische Systeme aufteilen, die im weiteren Verlauf dieses Kapitels noch genauer differenziert werden.[1]

Die Zielsetzung von kryptographische Systemen ist es, die Vertraulichkeit, Integrität, Authentizität und Verbindlichkeit von Daten, als allgemeine Schutzziele der Informationssicherheit, zu gewährleisten. Vertraulichkeit bedeutet in diesem Sinne, dass eine Nachricht verschlüsselt, also unlesbar für Dritte, übermittelt wird. Hierbei geht es also ganz konkret um die Verwendung von Verschlüsslungsalgorithmen zur Geheimhaltung von Informationen.[2] Die Integrität einer Nachricht gibt Aufschluss darüber, ob eine Nachricht bearbeitet oder verändert wurde. Authentizität hingegen soll gewährleisten, dass der Kommunikationspartner auch wirklich derjenige ist, der er angibt zu sein. Weiter setzt Authentizität Integrität voraus, denn eine veränderte Nachricht ist nicht mehr authentisch. Sind Integrität sowie Authentizität gewahrt, so lässt sich nicht nur mit Sicherheit sagen, von wem eine Nachricht stammt, sondern auch, dass sie unverändert übersendet wurde. Verbindlichkeit bedeutet in diesem Zusammenhang, dass auch gegenüber Dritten der Verfasser einer Nachricht eindeutig identifiziert werden kann. Die Verbindlichkeit schließt die Eigenschaft der Authentizität und der Integrität mit ein.[3]

---

[1] Vgl. Ertel (2012), S.21.
[2] Vgl. hierzu und zum Folgenden Küsters & Wilke (2011), S.3.
[3] Vgl. Spitz, Pramatefakis, & Swoboda (2011), S.15.

2.1 Symmetrische Verfahren

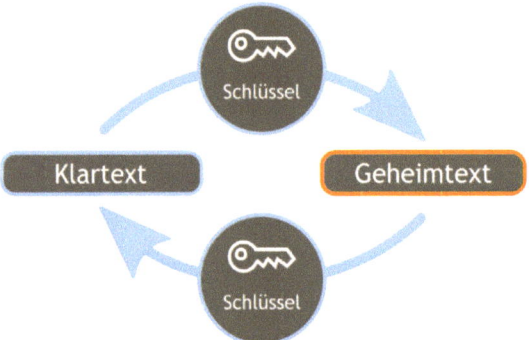

Abbildung 1 - symmetrische Verschlüsselungsverfahren [4]

Die Methoden der modernen Kryptographie basieren heutzutage entweder auf symmetrischen oder asymmetrischen Verschlüsselungsverfahren. In symmetrischen Kryptosystemen wird eine Kommunikationsbeziehung mit nur einem Schlüssel, wie in Abbildung 1 erkenntlich, verschlüsselt sowie auch entschlüsselt. Dies geschieht Zeichen für Zeichen oder Blockweise. Man spricht in diesem Fall von Stromchiffren und Blockchiffren. Die enorme Bedeutung des Schlüssels in einem symmetrischen System sollte an dieser Stelle bereits deutlich werden. Damit beide Parteien aus einem Geheimtext durch die sogenannte Dechiffrierung, also Entschlüsselung, einen Klartext generieren können, müssen auch beide Parteien den Schlüssel kennen. Der sichere Austausch dieses Masterschlüssels stellt das große, sogenannte Schlüsselaustauschproblem bei symmetrischen Verschlüsselungsverfahren dar. [5]

Die erste veröffentlichte Lösung dieses Problems wurde 1976 von Whitfield Diffie und Martin Hellmann entwickelt. Der Diffie-Hellmann-Schlüsseltausch ermöglicht es, einen gemeinsamen, geheimen Schlüssel über eine abhörbare Leitung aus den Schlüsseln der beiden Kommunikationspartner zu bilden. Dieser Schlüssel wird als vereinbartes „shared secret" bezeichnet und anschließend für die symmetrische Verschlüsselung genutzt. Aus Gründen der technischen Relevanz wird an dieser Stelle jedoch nicht weiter auf die genaue Funktionsweise eingegangen. [6]

---

[4] Bildquelle: https://de.wikipedia.org/wiki/Symmetrisches_Kryptosystem#/media/File:Orange_blue
_symmetric_cryptography_de.svg, abgerufen am 02.01.2018.
[5] Vgl. Schmeh (2013), S.39-41.
[6] Vgl. Strobel (2003), S.58.

Darüber hinaus existiert bei symmetrischen Verschlüsselungsverfahren ein eigener, geheimer Schlüssel für jede Kommunikationsbeziehung, da die Wiederverwendung des gleichen Schlüssels mehr Daten für mögliche Rückschlüsse auf den eigentlichen Schlüssel generieren würde. Die große Anzahl der unterschiedlichen Schlüssel kann hier also ebenfalls problematisch werden und setzt ein strukturiertes Schlüsselmanagement voraus.[7]

Das wohl wichtigste symmetrische Verschlüsselungsverfahren nennt sich Advanced Encryption Standard (AES) und löste im Jahr 2000 den Data Encryption Standard (DES) als Verschlüsselungsstandard ab. Die frei verfügbare Blockchiffre AES verwendet bei der Verschlüsselung variable Schlüssellängen von 128, 192 oder 256 Bit und beschränkt die Blocklänge auf 128 Bit. [8]

2.2 Asymmetrische Verfahren

Asymmetrische kryptographische Verfahren verwenden, wie in Abbildung 2 zu sehen, pro Teilnehmer zusammenhängende Schlüsselpaare, bestehend aus einem öffentlichen Schlüssel (englisch *public key*) und einem geheimen, privaten Schlüssel (englisch *private key*).

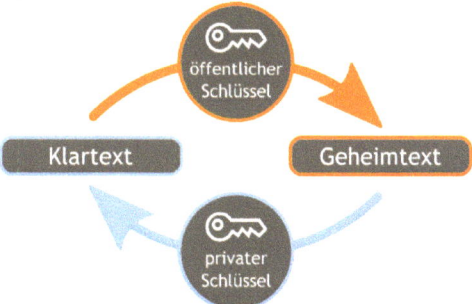

Abbildung 2 - asymmetrische Verschlüsselungsverfahren [9]

Beide Schlüssel werden aus derselben mathematischen Basis generiert, lassen jedoch keine Rückschlüsse auf den jeweils anderen Schlüsselteil zu. Der öffentliche Schlüssel wird für die Verschlüsselung von Daten verwendet und öffentlich zugänglich hinterlegt.

---

[7] Vgl. hierzu und zum Folgenden Nash, Duane, Joseph, & Brink (2002), S.50.
[8] Vgl. Schmeh (2013), S. 127-128
[9] Bildquelle: https://de.wikipedia.org/wiki/Asymmetrisches_Kryptosystem#/media/File:Orange_blue_ public _key_cryptography_de.svg, abgerufen am 03.01.2018.

Der private Schlüssel wird für die Entschlüsselung verwendet und bleibt in der Obhut des Eigentümers. Für die Berechnung der Schlüssel werden sogenannte mathematische Einwegfunktionen verwendet. Diese Funktionen chrarakterisieren sich dadurch, dass sie leicht berechenbar aber praktisch nicht in angemessener Zeit umkehrbar sind. Somit lässt sich also ein öffentlicher Schlüssel praktisch nicht auf den privaten Schlüssel zurückrechnen. Mit Kenntnis über den privaten Schlüssel ist es jedoch ohne Weiteres möglich, Geheimtexte zu entschlüsseln. [10]

Neben der reinen Dechiffrierung können asymmetrische Verfahren auch für die eindeutige Identifizierung eines Kommunikationspartners über so bezeichnete digitale Signaturen genutzt werden. Für die digitale Signatur wird aus einem Klartext eine Quersumme, ein sogenannter Hash, gebildet und mit dem privaten Schlüssel unterschrieben. Dieser Hash wird der eigentlichen Klartext-Nachricht als Anhang mitgegeben. Der Empfänger kann diesen Hash nun mit dem öffentlichen Schlüssel des Senders entschlüsseln und schnell erkennen, ob beide Schlüssel wirklich zusammengehören (Authentizität) oder der Text verändert wurde (Integrität). Auch deswegen ist die Geheimhaltung des privaten Schlüssels von großer Bedeutung. Die Gültigkeit eines öffentlichen Schlüssels kann dabei durch digitale Zertifikate validiert werden, die im weiteren Verlauf noch detaillierter erläutert werden. [11]

RSA ist das am weitesten verbreitete asymmetrische kryptographische Verfahren und kommt beispielsweise in kryptographischen Protokollen wie OpenPGP oder SSH zum Einsatz. Auch die sichere Kommunikation mit Webservern über das hybride Verschlüsselungsprotokoll Transport Layer Security (TLS) basiert teilweise auf RSA. Das Verfahren verwendet dabei, im Gegensatz zum Diffie-Hellmann-Algorithmus, ein Schlüsselpaar aus öffentlichem und privatem Schlüssel zur asymmetrischen Verschlüsselung. [12] Die aktuellen Schlüssellängen sicherer, asymmetrischer Verfahren beginnen, aufgrund der mathematischen Abhängigkeit zur Einwegfunktion, bei 2048-Bit.

Die, im Vergleich zu symmetrischen Verfahren, großen Schlüssel werden so viel länger gewählt, weil für das Zurückrechnen der Einwegfunktionen weniger mögliche Lösungen

---

[10] Vgl. Wätjen (2008), S.67.
[11] Vgl. hierzu und zum Folgenden Spitz, Pramatefakis, & Swoboda (2011), S.28.
[12] Vgl. persönliche Mitteilung von Herrn W., Abteilung für Video Communication Services, am 09.01.2018.

ausprobiert werden müssen, als bei symmetrischen Verfahren.[13] Eine 1024 Bit RSA Verschlüsselung bietet dabei, betrachtet man die Anzahl der möglichen Schlüssel, ein äquivalentes Sicherheitsniveau zu einer symmetrischen 73 Bit Verschlüsselung.[14] Das Bundesamt für Informationssicherheit (BSI) empfiehlt ab dem Jahr 2022 eine RSA-Schlüssellänge von mindestens 3000 Bit.[15]

2.3 Hybride Verfahren

Der größte Nachteil asymmetrischer Verschlüsselungsverfahren ist definitiv die mangelnde Performanz im Vergleich zu symmetrischen Verfahren. Der RSA-Algorithmus ist beispielsweise ca. 10-100-mal langsamer als die AES-Blockchiffre und wird daher in der Praxis fast nie für die reine Verschlüsselung und Entschlüsselung von ganzen Nachrichten verwendet. In symmetrischen Kryptosystemen hingegen stellt das Schlüsselaustauschproblem ein großes Sicherheitsrisiko dar – die Lösung ist die Kombination beider Verfahren.[16]

Asymmetrische Verfahren werden also vorzugsweise zum sicheren Austausch eines zufälligen Schlüssels sowie zur Authentifizierung über digitale Signaturen verwendet. Der ausgetauschte Schlüssel, auch als „Session Key" bezeichnet, wird anschließend für eine performante, symmetrische Verschlüsselung verwendet.[17] Die Kombination dieser beiden Verfahren wird als Hybridverfahren bezeichnet und findet bei den meisten realen Einsatzszenarien für Verschlüsselungstechnik Verwendung. Asymmetrische und symmetrische Verfahren sind daher keineswegs als Konkurrenten zu betrachten, sondern vielmehr als komplementäre kryptographische Techniken.

3 Public-Key-Infrastruktur

Das Prinzip einer Public-Key-Infrastruktur basiert auf der asymmetrischen Verschlüsselung und hat das Ziel, Authentizität, Integrität, Nachvollziehbarkeit und Vertraulichkeit innerhalb einer IT-Kommunikationsstruktur zu schaffen.[18]

---

[13] Vgl. European Union Agency for Network and Information Security (2014), S.32-33.
[14] Vgl. European Network of Excellence in Cryptology II (2012), S.29-31.
[15] Vgl. Bundesamt für Sicherheit in der Informationstechnik (2017), S.16.
[16] (Nash, Duane, Joseph, & Brink, 2002), S.59.
[17] Vgl. Küsters & Wilke (2011), S.175.
[18] Vgl. Strobel (2003), S. 166.

Wie bereits kurz angesprochen, können Vertrauensbeziehungen technisch über digitale Zertifikate abgebildet werden. Diese Zertifikate enthalten grob gesagt die signierte Kombination aus einer Identität und einem öffentlichen Schlüssel. Das Signieren eines Zertifikats wird als Zertifizierung bezeichnet und durch Zertifizierungsstellen, englisch *Certificate Authorities* (CA), realisiert.

Eine Public-Key-Infrastruktur fungiert mit ihren Instanzen als Infrastruktur zum sicheren Austausch dieser Zertifikate, auch wenn die Inhaber sich nicht direkt kennen. Kernaufgabe der Infrastruktur ist dabei der Aufbau einer hierarchischen Strukturierung von vertrauenswürdigen Identitäten. Hierzu wird ein Wurzelzertifikat (Root-Zertifikat) mit zugehörigem Schlüsselpaar bei einer, für alle Teilnehmer vertrauenswürdigen Zertifizierungsinstanz (Root-CA), erstellt. Dieses Wurzelzertifikat kann darauf hin als Vertrauensanker für weitere Zertifikate innerhalb der Public-Key-Infrastruktur genutzt werden. Hierfür werden alle weiteren Zertifikate mit dem zugehörigen privaten Schlüssel des Wurzelzertifikats signiert. Wie in Abbildung 3 zu sehen, können auch Sub-Zertifizierungsstellen (Sub-CA) gebildet werden, deren zugehörige Zertifikate mit dem privaten Schlüssel des Wurzelzertifikats signiert wurden. Eine solche Vertrauenskette kann theoretisch beliebig lang werden, solange sie bei dem Wurzelzertifikat beginnt. [19]

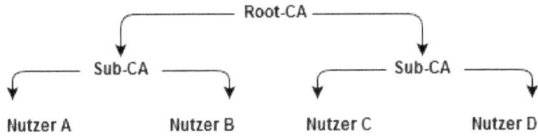

Abbildung 3 - PKI-Hierarchie (Eigene Darstellung)

Um die Echtheit und Vertrauenswürdigkeit eines Zertifikates zu prüfen, müssen alle Zertifikate, die zwischen dem Wurzelzertifikat und dem zu prüfenden Zertifikat liegen, verifiziert werden.

Darüber hinaus können durch eine Certificate Policy (CP) und ein Certification Practice Statement (CPS) die internen Abläufe einer Public-Key-Infrastruktur geregelt werden. Dort werden beispielsweise die verbindlichen Inhalte der Zertifizierungsrichtlinien (Verwendungszweck, Gültigkeitsdauer etc.) für die Ausstellung von Zertifikaten sowie

---

[19] Vgl. Bundesamt für Sicherheit in der Informationstechnik (2017), o.S.

das Sicherheits- und Zertifizierungskonzepts der jeweiligen Zertifizierungsstelle zusammengefasst. Diese standardisierten Dokumente stellen damit „[…] eine gemeinsame Grundlage für das Vertrauen der PKI-Teilnehmer in die zentrale Verwaltung und die Prozesse der PKI dar." [20]

Praktisch gesehen ist eine Public-Key-Infrastruktur in der Kryptologie also eine Infrastruktur, bestehend aus mehreren Komponenten, um digitale Zertifikate nach gewissen Richtlinien auszustellen, zu verteilen und um die Authentizität öffentlicher Schlüssel in einem asymmetrischen Kryptosystem zu prüfen. Die genauen Bestandteile einer Public-Key-Infrastruktur werden in den folgenden Teilabschnitten in ihrer Funktion dargestellt.

3.1 Zertifizierungsstelle

Die Zertifizierungsstelle bildet den Kern einer Public-Key-Infrastruktur und ist im Bereich der Informationssicherheit eine Organisation, die digitale Zertifikate ausstellt. Dies geschieht, indem die Zuordnung von einem öffentlichen Schlüssel zu einer Person beziehungsweise einem privaten Schlüssel mit der digitalen Unterschrift der Zertifizierungsstelle versehen wird. Die Zertifizierungsstelle, als einzige Entität einer Public-Key-Infrastruktur die Zertifikate ausstellen kann, beglaubigt damit also die Zuordnung einer Identität zu einem Schlüssel.[21] Damit bildet eine Zertifizierungsstelle die vertrauenswürdige Autorität ab, die für die Erstellung oder Zertifizierung von Identitäten zuständig ist. Neben der Root-CA können innerhalb einer PKI beliebig viele Sub-CA erstellt und für die Zertifizierung genutzt werden. [22]

3.2 Digitale Zertifikate

Digitale Zertifikate enthalten Schlüssel- und Zusatzinformationen, die zur Authentisierung von Geräten sowie auch zur Verschlüsselung und Entschlüsselung von Daten genutzt werden. Die Zusatzinformationen enthalten Auskünfte zur ausstellenden Zertifizierungsstelle, zum Besitzer, die vom Zertifikat unterstützten Signatur- und Verschlüsselungsalgorithmen, den Verwendungszweck sowie den exakten

---

[20] Spitz, Pramatefakis, & Swoboda (2011), S. 166.
[21] Vgl. hierzu und zum Folgenden Nash, Duane, Joseph, & Brink (2002), S.95.
[22] Vgl. Kiran, Lareau, & Lloyd (2002), S.5.

Gültigkeitszeitraum des Zertifikats.[23] Ein digitales Zertifikat stellt damit die Verknüpfung von einer Identität zu einem dedizierten Schlüsselpaar dar.[24]

Verwendung finden digitale Zertifikate besonders in Netzwerkprotokollen wie SSH, SSL oder HTTPS für Webbrowser. Digitale Signaturen und Chipkarten verwenden ebenfalls Zertifikate zur Authentisierung. Je nach Einsatzgebiet kann der genaue Inhalt eines Zertifikats variieren.[25] Dabei differenziert man allgemein drei Typen von Zertifikaten. Das selbstsignierte Wurzelzertifikat einer Zertifizierungsstelle, weitere optionale Zwischenzertifikate und die letztendlichen Identitätszertifikate eines bestimmten Endgerätes. Ein Standard für die Erstellung digitaler Zertifikate wurde von der Internationalen Fernmeldeunion unter der Bezeichnung X.509 veröffentlicht und liegt aktuell in der dritten Version vor. Die genauen Bestandteile und der Aufbau des Zertifikates lassen sich im Anhang A2 am Beispiel eines Zertifikates der Public-Key-Infrastruktur der Muster IT erkennen. Aus Relevanzgründen wird jedoch an dieser Stelle nicht weiter auf den Aufbau eines Zertifikates eingegangen.

3.3   Weitere Bestandteile

Neben der unabdingbaren Zertifizierungsstelle gibt es in vielen Public-Key-Infrastrukturen noch weitere Instanzen. Eine optionale Registrierungsstelle, englisch *Registration Authority* (RA), nimmt Zertifikatsanträge entgegen und identifiziert, prüft und registriert den Zertifikatnehmer. Der validierte Antrag wird anschließend als sogenannte Certificate Signing Request (CSR) an die Zertifizierungsstelle weitergeleitet und dort signiert. Dabei kann die RA ein Teil der CA sein oder autark arbeiten.[26]

Weiterer Bestandteil vieler Zertifizierungsstrukturen ist außerdem ein optionaler Validierungsdienst. Diese Validation Authority (VA) überprüft die Gültigkeit eines Zertifikates mit Hilfe von Zertifikatsperrlisten, englisch *Certificate Revocation List* (CRL). Zertifikatsperrlisten enthalten dabei Informationen zu gesperrten sowie widerrufenen Zertifikaten und beschreiben daher als Negativliste die Ungültigkeit von bestimmten Zertifikaten.

---

[23] Vgl. Trommler (2003), S.25.
[24] Vgl. hierzu und zum Folgenden Komar (2008), S.48.
[25] Vgl. persönliche Mitteilung von Herrn W., Abteilung für Video Communication Services, am 11.01.2018.
[26] Vgl. Nash, Duane, Joseph, & Brink (2002), S.225.

Im Falle der Kompromittierung eines Zertifikates, zum Beispiel durch Diebstahl oder Bekanntwerden eines privaten Schlüssels, spielen CRL eine besonders große Rolle. Falls Schlüssel oder Zertifikate in falsche Hände gelangen, kann die Sperrung eben dieser Zertifikate durch das Eintragen in die CRL, innerhalb einer PKI, bekannt gemacht werden. Nachteilig zu sehen ist jedoch, dass eine CRL immer den Stand der Vergangenheit ausliest und nicht in Echtzeit Gültigkeitsinformationen herausgeben kann. Eine alternative Liste vertrauenswürdiger Stammzertifizierungsstellen, englisch *Certificate Trust List* (CTL), als eine Liste gültiger Stammzertifikate, stellt das Gegenstück zur CRL dar und kann ebenfalls innerhalb einer PKI implementiert werden.

Eine Überprüfung eines Zertifikates in Echtzeit ist durch Protokolle wie das Online Certificate Status Protocol (OCSP) möglich. Dem OCSP Dienst wird hierbei jede Statusänderung eines Zertifikates mittgeteilt, sodass auch Positivauskünfte über die Gültigkeit möglich sind.[27]

4   Unified Communications PKI der Muster IT

Die Muster IT betreibt und administriert eine Cisco Unified Communications Infrastruktur für Videokonferenzen. Diese Infrastruktur enthält, wie in Anhang A3 zu sehen, neben den ca. 550 Videokonferenz-Endgeräten (Phones) auch drei TelePresence Server (TPS), drei Expressways, einen JabberGuest Server, einen Conductor und einen Cisco Unified Communications Manager (CUCM).

Aus Redundanzgründen ist die gesamte Infrastruktur zudem an zwei unterschiedlichen Standorten identisch aufgebaut.

Der Callmanager fungiert innerhalb der Infrastruktur als zentrale Instanz zur Rufvermittlung und Steuerung von Videoanrufen. Die Expressways ermöglichen die Erreichbarkeit auch übers Internet, sowie für die Endgeräte, die nicht direkt miteinander kommunizieren können. Andere externe Geräte besitzen zudem die Möglichkeit, den JabberGuest Server über das Extensible Messaging and Presence Protocol (XMPP) zu erreichen und so an Videokonferenzen teilzunehmen. Virtuelle Konferenzräume für

---

[27] Vgl. Gutmann (2002), S.5-9.

Mehrpunktkonferenzen werden von TelePresence Servern bereitgestellt. Die Lastverteilung zwischen den TelePresence Ressourcen übernimmt ein Conductor.

4.1 Aufbau der PKI

Für die sichere Authentisierung der genannten Geräte nutzt die Muster IT eine Kombination aus öffentlichen Zertifikaten, einer eigenen, selbstsignierten Public-Key-Infrastruktur und der Certificate Authority Proxy Function (CAPF) des Cisco Unified Communications Manager (CUCM/Callmanager). Da die CAPF-Funktionalität nur für die Zertifizierung von Endgeräten verwendet werden kann (Siehe Kapitel 4.2), müssen alle weiteren Geräte innerhalb der Infrastruktur über selbstsignierte oder öffentliche Zertifikate authentisiert werden. Hierbei hat man sich in der Muster IT für die Implementierung einer eigenen Public-Key-Infrastruktur mit interner Zertifizierungsstelle entschieden.

Die Administration der Public-Key-Infrastruktur geschieht über die Open Source Software „XCA – X Certificate and key management" von Christian Hohnstädt. Diese Software fungiert als Front-End zum Management der dahinterliegenden Datenbank. Innerhalb der passwortgeschützten Datenbank werden dann die eigentlichen Zertifikats- und Schlüsselinformationen gespeichert.[28] Wie in Anhang A1 ersichtlich, bildet die „Muster IT Internal Root CA 2017" als Stammzertifizierungsstelle den Vertrauensanker der Muster IT Public-Key-Infrastruktur. Abgeleitet von diesem Wurzelzertifikat wurde die „Muster IT Internal Sub-CA 2017" erstellt und für die weitere Zertifizierung von Geräten der Video-Infrastruktur genutzt.

Für die Zertifizierung benötigt alleine der Callmanager sechs unterschiedliche Zertifikate für verschiedene Dienste. Dazu gehören der Tomcat Webserver beziehungsweise der TFTP-Dienst, die CAPF-Funktionalität, das Zertifikat des Callmanager selbst für die Verschlüsselung und Authentisierung, IPsec-Zertifikate sowie Trust Verification Service (TVS) und ITLRecovery-Zertifikate. Für jeden dieser Dienste werden in der Muster IT selbstsignierte Zertifikate eingesetzt. Für alle anderen Geräte, die keine Phones sind, werden ebenfalls selbstsignierte Zertifikate der Muster IT Sub-CA genutzt.[29] Eine Ausnahme bei der Verwendung selbstsignierter Zertifikate stellen die zwei Expressways

---

[28] Vgl. persönliche Mitteilung von Herrn M., Abteilung für Video Communication Services, am 08.01.2018

[29] Vgl. Ratliff, Cisco UC Manager Security & Certificate Deep Dive (2017), S.33-34.

zur externen Erreichbarkeit aus der Internet dar. Jedes dieser Geräte besitzt ein offiziell signiertes Zertifikat der QuoVadis Gruppe, um eine Verschlüsselung und Authentisierung auch für Geräte, die Zertifikaten der Muster IT nicht standardmäßig vertrauen, ohne Fehlermeldungen über fehlende Zertifikate zu ermöglichen (Siehe Anhang A1). Der QuoVadis Zertifizierungsstelle vertrauen beispielsweise alle gängigen Webbrowser. [30]

Für Signaturen wird innerhalb der Public-Key-infrastruktur eine 256 Bit Secure Hash Algorithm (SHA) Hashfunktion in Kombination mit 4096 Bit RSA zum Schlüsselaustausch genutzt. Für die Verschlüsselung der, über das Secure Real-Time Transport Protocol (SRTP) übertragenden Video-Datenströme, findet die symmetrische Blockchiffre AES, mit einer Schlüssellänge von 128 Bit, Verwendung. Die unabhängig davon übertragenen Daten zum Aufbau, zur Steuerung und zum Abbau einer Kommunikationssitzung, werden über das Session Initiation Protocol Secure (SIPS) übertragen.

4.2   Cisco CAPF-Dienst

Der Cisco Callmanager, als zentrale Kommunikationsinstanz innerhalb der Unified Communications Infrastruktur, kann über die CAPF-Funktionalität als Zertifizierungsstelle innerhalb einer Public-Key-Infrastruktur fungieren und Zertifikate an registrierte Endgeräte ausstellen. Zu den Endgeräten gehören in diesem Fall Konferenzsysteme, Tablets und auch Jabber Soft-Clients für die externe Erreichbarkeit über zum Beispiel einen Windows Computer mit Webcam.

Um sich am CAPF-Dienst zu authentifizieren nutzen die Endgeräte Manufacturer Installed Certificates (MIC), als einziges vorinstalliertes Zertifikat mit einer Gültigkeit von 10 Jahren. Ein solches MIC befindet sich auf jedem von Cisco ausgelieferten IP-Phone und kann nicht widerrufen werden. Hat sich ein Endgerät erfolgreich über das MIC am Callmanager authentifiziert, so erhält dieses Gerät ein sogenanntes Locally Significant Certificate (LSC) mit einer standardmäßigen Gültigkeit von 5 Jahren. Die gewünschte Gültigkeit eines LSC kann jedoch auch manuell gesetzt werden und wurde im Fall der Muster IT PKI auf 5 Jahre festgelegt.[31]

---

[30] Vgl. Ratliff, Securing Unified Communications and Certificate Deep Dive (2016), S.40.
[31] Vgl. Ratliff, Securing Unified Communications and Certificate Deep Dive (2016), S.27-30.

Der CAPF-Dienst nutzt für die Zertifizierung eine 2048 Bit RSA Verschlüsselung in Kombination mit dem 256 Bit SHA Algorithmus.

5 Bewertung der umgesetzten PKI

Die in Kapitel 4 beschriebene Public-Key-Infrastruktur zur Authentifizierung von Video-Geräten lässt sich anhand der ausgewählten Kriterien Sicherheit, Administrierbarkeit, Flexibilität, Kosten, Performanz und Zukunftsfähigkeit weitestgehend beurteilen. In der Praxis sind jedoch unterschiedliche Aspekte und Abhängigkeiten bei der Umsetzung einer Zertifizierungsinfrastruktur sehr individuell zu bewerten. Die ausgewählten Kriterien sind daher nur als grober Rahmen für die Beurteilung einer Public-Key-Infrastruktur zu sehen.

Bezüglich der Sicherheit bietet die Implementierung einer eigenen PKI umfängliche Einflussmöglichkeiten auf die zu verwendenden Verschlüsselungs- und Signaturalgorithmen. Das Sicherheitsniveau einer Zertifizierungsinfrastruktur kann somit beliebig hoch gewählt werden. Die Datenbank der eingesetzten Muster IT PKI ist jedoch letztendlich nur durch ein Passwort gesichert, was wiederum ein Sicherheitsrisiko darstellt. Wie bei allen anderen Technologien gilt auch hier, dass ein System nur so sicher ist wie seine schwächste Komponente.

Die umfangreichen Möglichkeiten bezüglich der Administrierbarkeit einer, in Eigenentwicklung umgesetzten Public-Key-Infrastruktur, kann zwiespältig gesehen werden. Positiv anzumerken ist, dass den Administratoren alle Möglichkeiten zur individuellen Konfiguration zur Verfügung stehen. Negativ zu sehen ist hingegen, dass der Administrator auch über genügend Wissen im Bereich der Verschlüsselungs- und Zertifizierungstechnik verfügen muss, um eine PKI sicher zu betreiben. Ist diese Expertise nicht vorhanden, steht auch die Gefahr der Kompromittierung durch Fehler der Administratoren im Raum. Zudem müssen sich Administratoren auf dem neusten Stand der Technik befinden, da Verschlüsselungsalgorithmen in der Regel alle paar Jahre obsolet werden und immer neue Angriffsmöglichkeiten auf Verschlüsselungsalgorithmen gefunden werden.

Das Argument der mangelnden Performanz bei der, bislang manuell gehandhabten Zertifikatsvergabe, ist zu vernachlässigen, da die Performanz bei einer Gesamtheit von

20 Zertifikaten nicht ausschlaggebend für eine Designentscheidung sein sollte. Darüber hinaus arbeitet der CAPF-Dienst zur Zertifizierung mehrerer hundert Endgeräte sehr performant. Bezüglich der Flexibilität kann gesagt werden, dass es beispielsweise sehr einfach möglich ist, bei einem Gerätetausch das zugehörige Zertifikat direkt wieder einzuspielen, da dieses aus dem, in der PKI Datenbank befindlichen privaten Schlüssel, generiert wird. Im Falle einer schnellen Störungsbearbeitung ist die Flexibilität einer eigenen PKI bezüglich der Zeit bis zur Störungsbehebung, englisch *Mean Time To Repair* (MTTR), unter der Voraussetzung, dass genügend Fachwissen für die Lösung von Störungen vorhanden ist, als positiv zu bewerten. Die Aufwandskosten der umgesetzten Lösungen können bei der Betrachtung als vergleichsweise gering bewertet werden. Bis auf die Zeit des eingesetzten Mitarbeiters zur Erstellung und Administration der Public-Key-Infrastruktur, fallen keine weiteren Kosten an.

Die umgesetzte Zertifizierungslösung ist, betrachtet man die Auswahl der Schlüssellängen und verwendeten Algorithmen, auf dem aktuellen Stand der Verschlüsselungstechnik. Die PKI wäre damit laut BSI bis 2023 sicher, womit die Zukunftsfähigkeit der nächsten Jahre validiert wäre. [32] Darüber hinaus ist es möglich, die Public-Key-Infrastruktur zu erweitern. Die Erstellung neuer Sub-Zertifizierungsstellen für beispielsweise andere Abteilungen innerhalb der Muster IT oder die Vergrößerung der Video-Infrastruktur sind einfach zu realisieren.

Neben der in Kapitel 4 beschriebenen und umgesetzten Lösung der eigenen PKI mit CAPF-Dienst und zwei öffentlichen Zertifikaten für Gateways, gab es auch andere Alternativen für die Authentifizierung der Geräte.

Eine mögliche Alternative stellt die ausschließliche Benutzung der CISCO MIC Zertifikate für die Authentifizierung von Geräten dar. Dieses Szenario bringt sehr wenig Konfigurationsaufwand mit sich, schränkt jedoch auch die Konfigurationsmöglichkeiten, zum Beispiel die Änderung der Gültigkeitsdauer eines Zertifikates, ein. Ebenfalls kritisch

---

[32] Vgl. Bundesamt für Sicherheit in der Informationstechnik (2017), S.16.

zu sehen ist der Sicherheitsaspekt, da hier das gesamte Vertrauen innerhalb der PKI auf möglicherweise veralteten oder bereits kopierten Cisco Zertifikaten basiert.

Eine weitere Möglichkeit zur Authentifizierung wäre die Verwendung von offiziell signierten Zertifikaten auf allen beteiligten Geräten. Hierbei ist allerdings problematisch zu sehen, dass wohl kaum ein Anbieter in seiner Certificate Policy die Verwendung des CAPF-Dienstes, um automatisch neue Zertifikate auszustellen, erlauben würde. Das hätte wiederum zur Folge, dass jedes einzelne Endgerät bei dem besagten Dienstleister angemeldet und zertifiziert werden müsste. Der daraus resultierende administrative Aufwand wäre wirtschaftlich nicht tragbar.

Allgemein lässt sich sagen, dass der Einsatz einer eigenen, selbstsignierten Public-Key-Infrastruktur in vielerlei Hinsicht vorteilhaft ist. Zum einen werden die Sicherheitskriterien Integrität, Authentizität und Vertraulichkeit umgesetzt. Zum anderen bietet eine PKI die Möglichkeit der zentralen Administration von Zertifikaten, was der Muster IT in ihrer Rolle als Dienstleister weitere Verwaltungsmöglichkeiten einräumt. So können beispielsweise durch eine Certificate Policy sehr einfach Richtlinien für die Zertifizierung von Geräten verbreitet und durchgesetzt werden. Die umgesetzte Lösung ist damit, unter Betrachtung der angesprochenen Punkte und im direkten Vergleich zu anderen Alternativen, die einzig sinnvolle.

6 Bedeutung PKI für heutige IT Systeme

Heutzutage werden in IT-Systemen aller Art Public-Key-Infrastrukturen eingesetzt. Eine besonders große Bedeutung ist PKI im Bereich der Transport Layer Security des World Wide Web zuzuschreiben, denn die gesamte Vertrauenshierarchie heutiger Websites beruht auf Zertifikaten einer Public-Key-Infrastruktur. Dies hat auch zur Folge, dass jegliche Art von verschlüsseltem Zugriff auf Websites unmöglich wäre, sobald das Wurzelzertifikat dieser Vertrauensstruktur kompromittiert wurde. Zertifizierungsstellen werden damit zu wichtigen infrastrukturellen Playern, befinden sich allerdings auch unter großem Sicherheitsdruck. Zertifizierungsstellen wie Verisign, DigiCert und Symantec sind damit unmittelbar mitverantwortlich für die Sicherheit der weltweit größten

Technologieunternehmen wie Google, Facebook und Amazon.[33] Trotz der genannten Risiken sind Public-Key-Infrastrukturen heutzutage unverzichtbar.

7 Fazit und Ausblick

Als abschließendes Fazit lässt sich festhalten, dass die gewählte Lösung zur Authentifizierung von Geräten innerhalb der Cisco Unified Communications Umgebung, auch nach abschließender Bewertung, definitiv als sinnvoll zu erachten ist. Durch den Einsatz einer eigenen Public-Key-Infrastruktur in Kombination mit der CAPF-Funktionalität, können sämtliche Geräte authentifiziert und zertifiziert werden. Die in Kapitel 5 herausgearbeiteten Vorteile der Flexibilität, Administrierbarkeit und Zukunftsfähigkeit sind mit geringem Kosten- und Personalaufwand zu erreichen. Zudem erlangt die Muster IT umfangreiche Einflussmöglichkeiten auf das Sicherheitsniveau der Public-Key-Infrastruktur und unterstreicht damit ihre Stellung als zentraler Systemadministrator. Im Verlauf der Implementation und Konfiguration der PKI konnte zudem das kryptographische Know-how innerhalb der Muster IT erweitert werden. Darüber hinaus ermöglicht die exzellente Skalierbarkeit einen zukünftigen Ausbau der Zertifizierungsstruktur für beispielsweise andere Abteilungen. Aufgrund der Notwendigkeit von Authentizität und Vertraulichkeit bei der Kommunikation von Videoendgeräten wird sich die Muster IT also weiterhin mit dem Betrieb einer eigenen Public-Key-Infrastruktur beschäftigen.

Als Ausblick lässt sich zudem festhalten, dass die Kryptographie auch weiterhin eine sehr schnelllebige Thematik bleiben wird. Der Kampf zwischen mathematisch komplexen Verschlüsselungsverfahren und ebenso komplexen Verfahren um diese zu knacken, wird wohl noch einige Zeit weiter fortschreiten. Einen großen Umbruch in dieser Entwicklung könnten Quantencomputer mit sich bringen. Die Sicherheit aktueller asymmetrischer Verfahren basiert auf mathematischen Problemen, die bislang noch nicht in annehmbarer Zeit durch das einfache Ausprobieren von Schlüsseln oder durch andere Verfahren gelöst werden können. Gelingt es leistungsstarken Quantencomputern diese Probleme performant zu lösen oder findet jemand ein Verfahren zum Berechnen der Schlüssel, ist die gesamte asymmetrische Verschlüsselung hinfällig. Symmetrische Verfahren sind in diesem Fall weniger betroffen, da hier für eine höhere Sicherheit einfach immer längere

---

[33] Vgl. Rost (2005), S.43.

Schlüssel gewählt werden können. Unter der Bezeichnung „Post-Quanten-Kryptographie" beschäftigen sich bereits führende Universitäten weltweit mit diesem Problem. So forscht ein Team des Karlsruhe Institute of Technology beispielsweise an kryptographischen Verfahren auf der Basis von mathematischen Gittern. Bei einem Verfahren namens „Bonsai-Bäume" werden beispielsweise hierarchisch organisierte mathematische Gitterstrukturen modelliert und auf die Verwaltungsstrukturen von einem Unternehmen abgebildet.

IV. Literaturverzeichnis

Bundesamt für Sicherheit in der Informationstechnik. (08. Feburar 2017). Kryptographische Verfahren: Empfehlungen und Schlüssellängen. Bonn, Germany. Abgerufen am 03. Januar 2018 von https://www.bsi.bund.de/SharedDocs/Downloads/DE/BSI/Publikationen/T echnischeRichtlinien/TR02102/BSI-TR-02102.html

Bundesamt für Sicherheit in der Informationstechnik. (kein Datum). *BSI: Digitale Gesellschaft: Sicherheitsmechanismen in elektronischen Ausweisdokumenten.* Abgerufen am 23. November 2017 von BSI: Digitale Gesellschaft: https://www.bsi.bund.de/DE/Themen/DigitaleGesellschaft/ElektronischeI dentitaeten/Sicherheitsmechanismen/sicherPKI/pki_node.html

Ertel, W. (2012). *Angewandte Kryptographie.* München, Deutschland: Carl Hanser Verlag.

European Network of Excellence in Cryptology II. (2012). ECRYPT II Yearly Report on Algorithms and Keysizes (2011-2012). Abgerufen am 09. Januar 2018 von http://cordis.europa.eu/docs/projects/cnect/6/216676/080/deliverables/00 2-DSPA20.pdf

European Union Agency for Network and Information Security. (November 2014). Algorithms, key size and parameters report 2014. Abgerufen am 08. Januar 2018 von https://www.enisa.europa.eu/publications/algorithms-key-size-and-parameters-report-2014

Gutmann, P. (07. November 2002). PKI: It's Not Dead, Just Resting. (IEEE, Hrsg.) Auckland. Abgerufen am 11. Januar 2018 von https://www.cs.auckland.ac.nz/~pgut001/pubs/notdead.pdf

Kiran, S., Lareau, P., & Lloyd, S. (November 2002). PKI Basics - A Technical Perspective. PKI Forum. Abgerufen am 2017. November 23 von

https://pdfs.semanticscholar.org/fb27/90557933adb688d365d8caf887be8
ba563ae.pdf

Komar, B. (2008). *Windows Server 2008 PKI- und Zertifikat-Sicherheit.*
Redmond, Washington: Microsoft Press.

Küsters, R., & Wilke, T. (2011). *Moderne Kryptographie.* Wiesbaden,
Deutschland: Vieweg+Teubner Verlag.

Nash, A., Duane, W., Joseph, C., & Brink, D. (2002). *PKI e-security
implementieren.* (I. Travis, Übers.) Bonn, Deutschland: mitp-Verlag.

Ratliff, R. (8. März 2016). Securing Unified Communications and Certificate Deep
Dive. Berlin: Cisco Systems Inc. Abgerufen am 24. November 2017 von
https://www.ciscolive.com/global/on-demand-
library/?search=certificate#/session/14797438447 18001kafx

Ratliff, R. (25. Juni 2017). Cisco UC Manager Security & Certificate Deep Dive.
Las Vegas, Nevada: Cisco Systems Inc. Abgerufen am 24. November
2017 von https://www.ciscolive.com/global/on-demand-
library/?search=certificate#/session/1485462761750001Xnst

Rost, M. (2005). Wozu Public Key Infrastructure - PKI? Kiel. Abgerufen am 23.
November 2017 von
https://www.datenschutzzentrum.de/sommerakademie/2005/somak05_ro
st.pdf

Schmeh, K. (2013). *Kryptografie - Verfahren, Protokolle, Infrastrukturen.*
Heidelberg, Deutschland: dpunkt.verlag GmbH.

Spitz, S., Pramatefakis, M., & Swoboda, J. (2011). *Kryptographie und IT-
Sicherheit.* Wiesbaden, Deutschland: Vieweg+Teubner Verlag.

Strobel, S. (2003). *Firewalls und IT-Sicherheit.* Heidelberg, Deutschland:
dpunkt.verlag GmbH.

Trommler, P. D. (2003). Funktion und Organisation einer PKI. Nürnberg. Abgerufen am 22. November 2017 von https://www.in.th-nuernberg.de/professors/trommler/Public%20Key%20Infrastructure%20(PKI).pdf

Wätjen, D. (2008). *Kryptographie*. Heidelberg, Deutschland: Spektrum Akademischer Verlag .

V. Anhangsverzeichnis

Im Anhang befindliche Screenshots wurden, wenn nicht anders dargestellt, selbst angefertigt.

A1.   Teilansicht der Zertifikate der Muster IT

Interner Name	organizationName	commonName	Signatur algorithmus	CA
QuoVadis Root CA 2	QuoVadis Limited	QuoVadis Root CA 2	sha1WithRSAEncryption	Ja
SSL CA 2016		SSL CA 2016	sha256WithRSAEncryption	0
*.EXPE.IN		*.EXPE.IN	sha256WithRSAEncryption	Nein
*.EXPE.IN		*.EXPE.IN	sha256WithRSAEncryption	Nein
Internal Root CA 2017		Internal Root CA 2017	sha256WithRSAEncryption	Ja
Internal Sub-CA		Internal Sub-CA	sha256WithRSAEncryption	1
CAPF-98125f4a		CAPF-98125f4a	sha256WithRSAEncryption	0
CAPF-e10e1f5b		CAPF-e10e1f5b	sha256WithRSAEncryption	Nein
Polycom-SEP00e0db0b8e23		Polycom-SEP00e0db0b8e23	sha1WithRSAEncryption	Nein
Polycom-SEP00e0db0b8e23_1		Polycom-SEP00e0db0b8e23	sha256WithRSAEncryption	Nein
*.CUCM...de		*.CUCM...de	sha256WithRSAEncryption	Nein
*.CUCM...de_1		*.CUCM...de	sha256WithRSAEncryption	Nein
*.CUCM...de_2		*.CUCM...de	sha256WithRSAEncryption	Nein
*.CUCM...de_3		*.CUCM...de	sha256WithRSAEncryption	Nein
*.CUCM...de_4		*.CUCM...de	sha256WithRSAEncryption	Nein

A2. Detailansichten eines Zertifikats der Muster IT

Details des Zertifikates

Status   Inhaber   Aussteller   Erweiterungen

Interner Name	████████████
Unterschrift	Internal Sub-CA 2017 Vertrauenswürdig
Schlussel	Nicht verfügbar Seriennummer 17
Signatur algorithmus	sha256WithRSAEncryption

Fingerprints

MD5	D9:8E:18:A0:8F:7F:62:02:F3:E3:4A:57:E2:DF:8D:4E
SHA1	85:2E:C2:56:CA:E8:63:4A:A8:4C:40:2D:C7:74:EB:7C:7E:98:2C:01
SHA256	79:8B:6E:24:DE:80:4A:04:3F:B9:24:AC:4D:36:68:2D 35:3E:D0:79:6F:68:40:A7:54:68:F3:E1:90:59:02:95

Gültigkeit

Dienstag, 21. Februar 2017 19:58:00   Montag, 21. Februar 2022 19:58:00   Gültig

OK

Details des Zertifikates

Status   Inhaber   Aussteller   Erweiterungen

commonName	████████████
countryName	DE
stateOrProvinceName	
localityName	.
organizationName	
organizationalUnitName	
emailAddress	████████████

RFC 2253:	emailAddress████████ ,OU=Video Communication Services,C
Hash:	64402ec6

OK

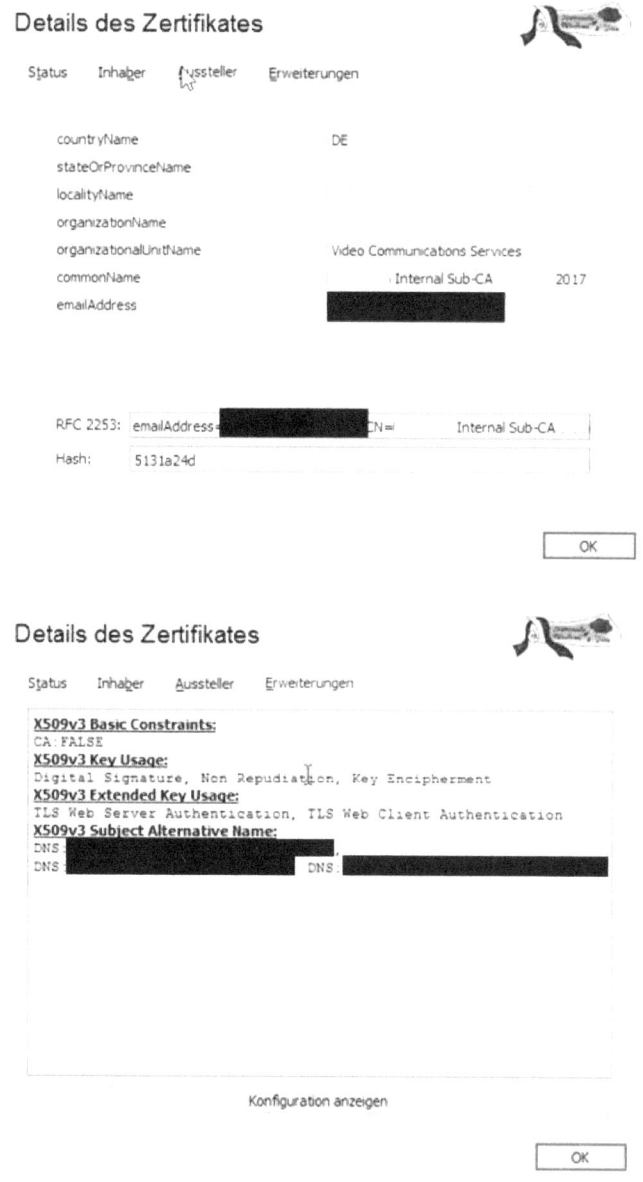

Details des Zertifikates

Status   Inhaber   Aussteller   Erweiterungen

countryName   DE
stateOrProvinceName
localityName
organizationName
organizationalUnitName   Video Communications Services
commonName   Internal Sub-CA   2017
emailAddress

RFC 2253: emailAddress=   CN=   Internal Sub-CA
Hash: 5131a24d

[OK]

Details des Zertifikates

Status   Inhaber   Aussteller   Erweiterungen

X509v3 Basic Constraints:
CA:FALSE
X509v3 Key Usage:
Digital Signature, Non Repudiation, Key Encipherment
X509v3 Extended Key Usage:
TLS Web Server Authentication, TLS Web Client Authentication
X509v3 Subject Alternative Name:
DNS:
DNS: DNS:

Konfiguration anzeigen

[OK]

A3. Netzwerkplan der Video-Infrastruktur

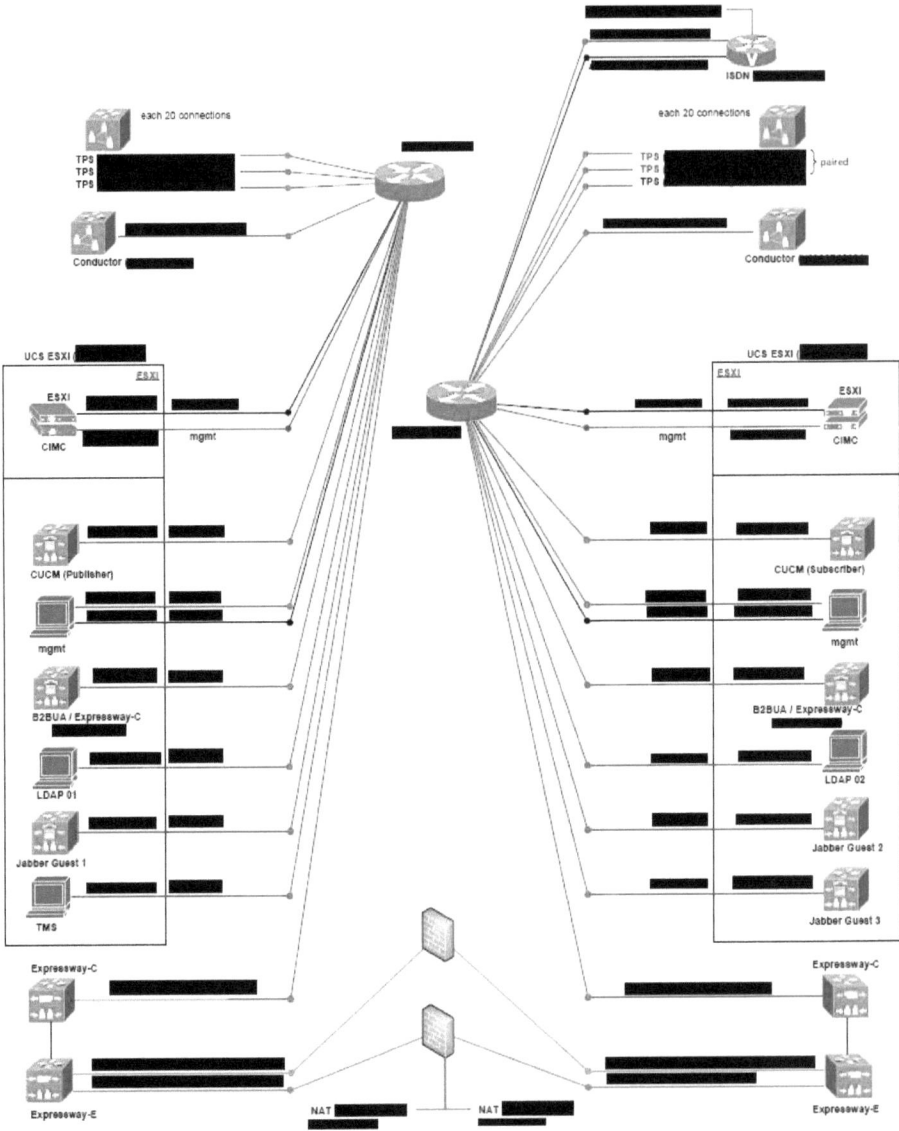

Anhang 3 - Netzwerkplan aus dem Intranet der Muster IT